Wanha karjalainen perinnevuosi

Wanha karjalainen perinnevuosi

Tapoja, uskomuksia ja sanontoja

Merja Leppälahti

© 2025 Merja Leppälahti
Kustantaja: BoD · Books on Demand, Mannerheimin-
tie 12 B, 00100 Helsinki, bod@bod.fi
Kirjapaino: Libri Plureos GmbH, Friedensallee 273,
22763 Hampuri, Saksa
ISBN: 978-952-80-9419-7

Sisältö

Johdanto

Karjalainen perhe oli suurperhe, jossa saman katon alla asui useita sukupolvia ja usein myös veljeksiä perheineen. Entisajan maaseutuyhteisön asukkaista suurin osa oli suoraan tai välillisesti riippuvainen maanviljelyksestä. Myös ihmisen elämänkaari nivoutui vuodenkiertoon.

Arkistoihin on tallennettu paljon säähän liittyviä ennustuksia, ohjeita ja uskomuksia. Niissä esiintyy monia almanakassa ja pyhimyskalenterissakin olleita nimiä, joita ei enää tunneta (esimerkiksi Tiburius tai Urbanus). Nimet voivat myös esiintyä erikoisissa muodoissa, kuten Ierikka, joka viittaa Erkin päivään. Lisäksi välillä puhutaan jonkun päivän kohdalla "vanhasta". Tämä johtuu vuoden 1753 kalenterimuutoksesta. Ruotsissa ja siten myös siihen kuuluneen Suomen alueella käytettiin juliaanista kalenteria 28.2.1700 saakka ja vielä uudelleen 1.3.1712–17.2.1753. Näiden välillä oli käytössä ruotsalainen kalenteri. Vuonna 1753 otettiin käyttöön gregoriaaninen kalenteri, joka siirsi aikaa 11 päivää eteenpäin. Käyttöönotto tehtiin siten, että 17.2.1753 jälkeen seuraava päivä oli 1.3.1753. Tästä johtuen perinnearkiston sääenteissä puhutaan esimerkiksi "vanhasta vapusta", joka oli siis lähes kaksi viikkoa myöhemmin "uutta vappua".

Aineisto on pääosin tallennettu luovutetun Karjalan luterilaisilta alueilta Etelä-Karjalasta. Suuri osa aineistoista on peräisin Karjalankannakselta. Tässä pikku kirjassa kuljetaan vuoden matka syksystä alkaen. Käydään myös häissä ja kuullaan tuutulauluja. Lopuksi on pieni katsaus ruokaan ja ruokailutapoihin. Kirjallisuusluettelon avulla löytyy halukkaille lisätietoja.

Astu sissään, siit on tullut muitakii!

SYKSY

SYKSY

Syksyn kuukaudet olivat syyskuu, lokakuu eli likakuu, routakuu eli marraskuu. Syyskuussa on syyspäiväntasaus, jolloin yö ja päivä ovat samanpituiset. Se merkitsee kesän loppumista ja syksyn alkamista.

Syksyllä naisväeltä loppuivat ulkotyöt, ja karja siirtyi laitumelta navettaan. Kesän sato korjattiin talteen, mitä oli vielä korjaamatta. Nauriit ja perunat laitettiin kuoppaan, johon ne suojattiin pakkaselta, jotta ruokaa riittäisi koko pitkäksi talveksi. Syysteurastukset tehtiin, ja lihaa säilöttiin suolaamalla ja savustamalla. Syyskuussa myös ennustettiin talven tuloa.

Syyskauden enteitä

21.9. Matteus, Syys-Matti

Matinpäivästä lähtien käärmeet menevät maan alle.

Mattina karhu maata panee.

Jos Mattina talvi tulee, niin Valpurina jokijäällä ajetaan.

29.9. Mikko, Mikkel

Mikkelinä nauriit kuoppaan ja akat uunille.

Jos ennen Mikkoa talvi tulee, se jatkuu vielä vappunakin.

Mitä ilma Mikon päivänä, sellainen on joulupäivänä.

Jos on lunta Mikkelinä, niin on lokaa loppiaisena.

7.10. Birgitta

Viikko Pirkitasta talvitöihin, kaksi oravan päivään (oravannahka on kyllin hyvä metsästettäväksi).

Kauraa kuhilailla Kirvussa 1920-luvulla. Kuva: Museovirasto

28.10. Simo

Simo siltoja tekee, ts. pienet vedet alkavat jäätyä.

Kekri, köyri, pyhäinmiestenpäivä

Jos pyhäinpäivänä on vielä lehtiä puissa, tulee keväällä takatalvi.

Köyhäki kekriks, jokahinen jouluks.

Martti maal, karttu jääl, paimenet kylä' kulul, omat lapset orre pääl.

25.11. Kaisa

Katrinpäivänä on usein suojasää, "Katriinan suvi".

Katri vesperse se kaik kastelee.

Marraskuussa tullut talvi ei kestä, lokakuun tai joulukuun talvi kestää.

Yskä

Syksyisin vaivasi monia yskä, ja monet lapsetkin osasivat hokea:

Mää, yskä, Äskelää,
Anna ämmiin rykkii,
Koukkuleukoin koukutella,
Partasuihen paukutella!
Ei uo yskä, yhen rykkii,
Yskä on ympär kyllää.

Yskään käytettiin hokujen lisäksi myös lääkkeitä. Yskän hoitoon on valmistettu teetä mm. isohirvenjäkälästä eli islanninjäkälästä, ajuruohosta, siankärsämöstä, piharatamon lehdistä, kihokista, sudenmarjasta ja suopursusta. Näillä yritettiin helpottaa myös hinkuyskää, joka oli pikkulapselle usein kohtalokas.

*

Talonpojaha se pittää kirpust keisarii ast kaik elättää.

Pajupehko ja talonpoika on vaikijat hävittää.

Peitä peltos siemenel, istu isse vaik aijal.

Maa kasvaa maatessaki, pelto piehtaroiessaki.

Kell ei uo jalat sonnas, sill ei uo suu jamakas.

Leiväst o nii hyvä ruuva apu jottaha.

Pittää keittää rokkaa jot ei huoli toivoo ihmisii kuolemaa.

Kaljal työt tehhää, oluel piot pietää.

Kyll on meil kynttelii ku on mäntyi mäel. (päreitä)

Kekri, pyhäinpäivä ja jakoaika

Kekri on muinoin ollut vuodenvaihteen aikaa; satokausi on päättynyt, varastot ovat täynnä ja uutta vuotta voidaan iloiten aloittaa. Kekriä ei ole vietetty minään määräpäivänä vaan sitten, kun sato on korjattu, näin saman kylän eri taloissakin on saatettu viettää kekriä eri päivinä. Tavallisesti kekri kuitenkin sijoittui Mikkelinpäivän (30.9.) ja pyhäinpäivän (1.11.) välille.

Kekrinä piti tuli sytyttää uuniin aikaisin aamulla ja ehtiä tekemään aamutoimet vielä hämärän aikaan. Usein kekriksi teurastettiin pässi. Sen pää ja sisälmykset vietiin metsään. Kekrin aikaan piti olla runsaasti syötävää eikä ruokaa korjattu pois pöydältä. Kekrinä oli myös tapana viedä haltioille ruokaa saunaan, navettaan tai ulos tietyn puun juurelle.

Paremp tähe jäämää ko kese loppumaa.

Pyhäinpäivä, ent. pyhäinmiestenpäivä oli vanhastaan marraskuun ensimmäisenä päivänä. Nykyään pyhäinpäivää vietetään lauantaina, joka osuu 31.10. ja 6.11. välille. Pyhäinpäivä oli alkujaan pyhimysten muistopäivä. Suomessa pyhäinpäivästä tuli kaikkien vainajien muistolle omistettu päivä 1800-luvulla.

Jakoaika on alkanut kekrinä tai Simon päivänä ja jatkunut Martin päivään. Jakoaika on ollut palvelusväen vapaa-aikaa ja silloin on myös siirrytty talosta toiseen. Jakoaikana on juhlittu, leikitty ja tehty taikoja sekä ennustettu seuraavan satokauden säätä. Jakoajan vähäinenkin auringonpaiste on tiennyt hyvää seuraavalle vuodelle.

*

Jos oisin eilen kuolt ni en ois tuotakaa kuult.

Naimisiinmeno

Syksy oli tavallinen avioliiton solmimisaika. Silloin oli saatu kiireiset työt tehtyä ja varastossa oli tarpeeksi ruokaa hääpitoihin.

Maataloissa tarvittiin sekä isännän että emännän työpanosta, joten avioliitto oli kaikin tavoin tavoiteltava olotila sekä miehelle että naiselle. Avioliitossa oli kysymys eräänlaisesta työsopimuksesta, joten morsianta harkittaessa tärkeimpiä ominaisuuksia olivat työkyky ja ahkeruus. Vahvarakenteinen ja leveälanteinen nainen oli hyvä valinta. Kauneus oli toissijaista, vaikka toki sitäkin katsottiin: "ei mustaa pietty sorijan, se ol valkijapää, mikä oli sorja, ja punaposki". Kannaksella ihannemorsian oli vahva ja rivakka, vaaleatukkainen ja punaposkinen. Avioon menevä pari ei välttämättä tuntenut toisiaan kovin hyvin ennen papin aamenta. Kannaksella olikin tapana sanoa, että ensin mennään naimisiin, "rakkaus ja lapset tulloot jälest päi."

Vanhat karjalaiset häät olivat kaksiosaiset, häitä juhlittiin sekä morsiamen että sulhasen kotona. Vihkiminen tapahtui yleensä kirkossa, jossa olivat läsnä vain muutamat sukulaiset. Vihkimisen jälkeen morsian ja sulhanen menivät omiin koteihinsa, joissa aloitettiin juhliminen. Morsiamen kotona pidettiin läksiäiset, jonne oli kutsuttu morsiamen sukulaisia, naapureita ja muita tuttavia. Sulhasen kotiin häihin oli kutsuttu samoin sulhasen sukulaiset, naapurit ja ystävät. Läksiäisissä tanssittiin ja laulettiin, tarjolla oli ruokaa ja juotavaa. Viinaa oli yleensä tarjolla runsaasti. Ennen puolta yötä saapui häätalosta sulhanen miesjoukon kanssa morsianta hakemaan. He jäivät aluksi läksiäistaloon juhlimaan, mutta ennen aamun tuloa lähdettiin häätaloon. Läksiäisväestä lähti morsiamen mukaan miehiä ja naisia jatkamaan juhlia häätaloon. Häätalossa istuttiin ruokapöytään ja morsiamen syliin

nostettiin "polvipoika", joka enteili nuorelle parille poika-
lapsia. Ruokailun jälkeen jatkettiin juhlintaa: ohjelmassa oli
tanssia, laulua ja leikkejä. Juhlinnan lopuksi tarjottiin vielä
läksiäisvieraille ruokaa, tavallisesti jotain kaaliruokaa, ja
sen jälkeen läksiäisväki palasi läksiäistalolle, jossa saatet-
tiin vielä tanssia, syödä ja juoda. Häätalossa ryhdyttiin
myös syömään vielä kerran läksiäisvieraiden lähdettyä.

*

Kuhilas pellolle, tuli tuppaa, sulhanen hevosen selkään.

Jos on musta muu elämä, niin naurattaaha naimakauppa.

Akaton mies on ko hännätön koira.

Enne kesä lehmättä ko joulu akatta.

Harakka ei o lintu eikä kotvävy o mies.

Ei hinta hevosta korota, pitkä matka morsianta.

Hyvät hylkiit, pahat pyrkiit.

Miulki Jumal näyttää, mut ei anna, sano Kivennavan tyttö.

Tyttön nauraattaa tyhjäkii, akkan ei naurata asjakaa.

Yks naine o talos vähä, kaks on liikaa.

Unest unnee lasta, työstä työhön morsianta.

Harvo orjaa kiitetään, miniää ei milloinkaa.

Syöpik minijä vai annetaak kissal?

Sika rikko siekla pohjan, lammas kattilan kalusi, se on kaik
minjän syytä

Tuuti mie lullaan lasta

Lapsen syntymä kohotti heti hiukan miniän arvoa, varsinkin jos esikoinen sattui olemaan poika. Tuutulauluja on merkitty Kannakselta muistiin yli sata aihelmaa.

Kannaksen arkielämä saattoi näkyä tuutulauluissakin:

> Älä itke, Ierikka,
> Isä männöö Pietarii,
> Tuopi tossut pojalle.
> Oikein pitkä vartiset
> Sekä paksu pohjaiset,
> Kahen ruplan arvoiset.
> Pietarii on pitkä matka,
> Saaree saman verran,
> Viron maalle viel enemmän.

Laulussa mainittu saari tarkoittaa Kronstadtin saarta, jota Etelä-Kannaksen tavallisessa kielenkäytössä nimitettiin yleensä yksinkertaisesti vain saareksi.

Arkista realismia on mukana myös laulussa Perolan mustasta lehmästä. Tämä tuutulaulu on ollut tuttu monelle Etelä-Kannaksella syntyneelle, mutta se ei liene ollut kovin laajalti muualla Suomessa tunnettu.

> Soi, soi sorolaa,
> Yli pello perolaa!
> Perolassa on musta lehmä,
> Toinen valkia vasikka,
> Akka alla lypsämässä;
> Mitä akka alta saapi,
> Ukko ryntty ryyppäjääpi,
> Akka raiska raappajaapi.

Pojan ja tytön erilainen arvostus näkyi tuutulauluissakin.

    Tuuppas, isä, Tuuterista,
    Viere, veikko, Viipurista,
    Tuo pojalleisi potra hattu,
    Tytölleisi tyynypäällys!
    Tyttö se tyynyn tarvitseepi,
    Tyttö se viijää kyllää,
    Tytöst ei oo mittää hyyvää.
    Mutta poika se pellot pehmittääpi
    Aija vieret astuvoipi,
    Kannon vieret kaiveloopi,
    Kiven juuret kingottaapi.
    Viellä se poika miniän tuopi,
    Miniä se läävän luopi,
    Sekä saunan lämmittääpi.
    Mää siit isä kylpemähän!

Laulun loppuosa saunaa lämmittävästä miniästä tunnetaan myös erillisenä kehtolauluna:

    Mie se tuuvin tyttölasta,
    Viel paremmin poikalasta.
    Poika miule miniän tuopi,
    Miniä saunan lämmittääpi:
    Mää, anoppi, kylpemähän,
    Vesi on tuotu, löyly luotu,
    Vastat varit lautasilla,
    Saippuat sauna ikkunalla,
    Veen saat käyttää voiteheksi,
    Löylyä saat hautehiksi.

Poika ja miniä jatkoivat talonpitoa, kun taas tytär tavallisesti naitiin muualle ja hän saattoi vielä mennessään viedä talosta myötäjäisinä vaikkapa lehmän. Sanottiinkin: vähän on turvaa vävystä, tyhjä turva tyttärestä. Eihän se miniäkään silti ainakaan aluksi aina osannut olla anopin mieliksi.

Miniäänsä tyytymätön anoppi saattoi laulaa lapsenlapsel-
leen hiukan eri versiota edellisestä tuutulaulusta:

Tuuvin, tuuvin tyttö lasta,
Viel paremmin poika lasta,
Poika se miulle miniän tuopi,
Miniä saunan lämmittääpi.
Mää anoppi kylpemähän,
Saavi on saunan porstuassa,
Vesi jäässä järven päässä,
Korento kokon takana,
Vastat kylmät kujan päällä,
Mää anoppi kylpemähän!

Harvoinhan sitä kuitenkaan oma työkykyinen äiti lastaan
tuuditteli, lapsen hoitajana toimi esimerkiksi mummo, joka
ei enää jaksanut tehdä täysiä työpäiviä ruumiillista työtä.
Myös isosiskon tehtävänä oli nuorempien sisarten hoitami-
nen. Kun poika tuli iltasella tapaamaan tyttöä, joka nukutti
ehkä pikkusisarustaan, tyttö saattoi laulaa lapselle tuutulau-
lun, joka oli samalla viesti ulkona odottelevalle pojalle:

Tuuli se koputteli ikkunan alla,
Tuuti mie lullaan lasta,
Kun mie saan lapsen nukkumaa,
Siit mie tulen vasta,
Tuuti mie lullaan lasta,
Emo ja isä on kylpemässä,
Siellä on auvain rappusen alla,
Tuuti mie lullaan lasta,
Mää sie ensin aittaa,
Tuuti mie lullaan lasta,
Kun saan lapse nukkumaa,
Siit mie tulen vasta,
Uottele minnuu aitassa,
Tuuti mie lullaan lasta.

TALVI

TALVI

Kalenterivuoden viimeinen kuukausi, joulukuu, oli vielä 1600- ja 1700-luvuilla nimeltään talvikuu. Kun joulusta muodostui kekriäkin suurempi juhla, kuukausi muuttui joulukuuksi. Tammikuuta ja helmikuuta on nimitetty myös ensimmäiseksi ja toiseksi sydänkuuksi.

Talvi jouluksi joutuu, kesä pietarinpäiväksi.

Joulumyrskyt ennustavat kesäisiä ukkosia.

Pakkasel on talven tavat syväkuun kunnijalks.

Paavalis talven napa.

Ku ei kylmä kynttelin eikä pauka Paavalin, ni sit varpaat vakkoo palentuut.

Joulun aika

Vanhaan aikaan jouluvalmistelut alkoivat Antin päivänä marraskuun lopulla., jolloin ryhdyttiin valmistelemaan ohrasta maltaita viinan, oluen ja joululeivän tarpeiksi. Joulun ja muiden juhlapäivien viinat valmistettiin itse kotona siihen asti, kun viinan kotipoltto kiellettiin vuonna 1866. Olutta valmistettiin tämän jälkeenkin. Hyvän viinan ja oluen valmistamisen katsottiin vaativan kokemusta ja taitoa. Se olikin tavallisesti isännän työtä.

Sopiva määrä ohria vietiin säkissä järveen likoamaan. Kun ohrat nostettiin järvestä, ne pantiin koreihin tuvan penkkien alle imeltymään. Niitä hämmennettiin aamuin illoin ja joukkoon lisättiin lunta, kun ne rupesivat lämpiämään. Kun maltaat olivat kylliksi imelöityneet ja niissä oli hiven idun alkua, ne kuivattiin saunassa. Mallassauna lämmitettiin hyvin kuumaksi ja maltaat levitettiin lauteille kuivumaan. Kuivina maltaat jauhettiin käyttöön sopiviksi. Näiden toimien jälkeen päästiin Annan päivänä varsinaiseen viinan ja oluen valmistamiseen. Sanottiin, että "Annana olut pannaan, juhlana joukolla juodaan". Koska maltaita piti tehdä jouluksi olutta varten, saatettiin jouluna saada syötäväksi myös makeaa juhlaleipää, mallaslimppua.

Jouluksi valmistettiin kynttilöitä usein heti syysteurastuksen jälkeen, koska niihin käytettiin teuraseläinten rasvaa. Samalla valmistettiin saippuaa. Lehmän ja lampaan ihra hakattiin pehmeäksi, tali sulatettiin padassa. Puuvillalangasta kierrettiin kynttilänsydämiä, jotka kiinnitettiin toisesta päästä tikkuihin. Kynttilänsydämet laskettiin taliin ja nostettiin ylös niin pitkäksi aikaa, että tali hyytyi. Sitten ne kastettiin taas uudelleen ja kynttilän annettiin hyytyä. Tätä jatkettiin, kunnes kynttilät olivat sopivan paksuisia. Kynttilöiden valaminen on tärkeää työtä, sitä tehdessä ei saanut nauraa eikä huutaa, etteivät kynttilät räisky palaessaan.

Jouluvalmisteluihin kuului myös suurpyykin pesu. Se oli talvella paljon haastavampaa kuin kesällä. Usein pyykki huudeltiin avannossa.

Joulun valmisteluihin kuului myös aatonaattona tehtävä joulusiivous, joka olikin perusteellinen. Tupa oli täynnä kitkerää nokea, kun naiset luudillaan hankasivat tuvan lakea. Vähän väliä piti puhdistajien käydä ulkona vetämässä muutama hengenveto puhtaampaa ilmaa. Kun noki oli vähän laskeutunut, se lakaistiin pois ja alkoi varsinainen tuvan pesu. Kun tupa oli pesty, emäntä kantoi pestäväksi kaikenlaiset puuesineet, kuten leipälapiot, kauhat, saavit ja kirnut. Näiden jälkeen pestiin pöydät, penkit ja rahit jalkoineen ja alustoineen. Aivan viimeksi pestiin lattia.

Joulun vietto

Varhain jouluaattoaamuna naiset alkoivat joululeivän ja piirakoiden leipomisen. Päivällä syötiin usein nopeasti edellisen päivän tähteitä, että saatiin kaikki valmistelut tehtyä ennen joulusaunaan menoa. Saunassa kävivät ensin miehet ja sitten naiset. Nuoret pojat saattoivat saunoa miesten kanssa, mutta muuten lapset olivat saunassa naisten mukana. Saunan jälkeen pukeuduttiin puhtaisiin vaatteisiin.

Lasten mielestä joulu alkoi, kun jouluoljet oli tuotu sisälle. Erään muistelman mukaan kaksi talon miehistä kävi hakemassa olkia. He sitoivat nipun olkia toisesta päästä yhteen ja panivat olkiniput päähänsä niin, että oljet peittivät pään ja ylävartalon. Tupaan tullessaan he kertoivat olevansa joulun tuojia ja kysyivät, otetaanko heidät vastaan. Myönteisen vastauksen jälkeen miesten "olkihatut" pantiin pöydälle pystyyn ja jouluoljet levitettiin lattialle. Lapset telmivät riemuissaan pehmeissä oljissa ja nuoret miehetkin saattoivat innostua painiskelemaan keskenään.

Oljet pidettiin lattialla koko joulunajan. Joulun jälkeen oljet käytettiin karjanhoidossa. Poikivien lehmien alla jouluoljet suojasivat utaretulehdukselta, juomaan sekoitettuna jouluoljet saivat lehmät lypsämään rasvaista maitoa. Jouluolkia käytettiin myös vastasyntyneitten vasikoitten siirtämiseen. Kerrotaan myös, että kun jouluoljet vietiin eläinten makuualustoiksi, karja tuli kesällä hyvin laitumelta kotiin.

Ennen illalliselle ryhtymistä emäntä nosti pöydälle kolme tai neljä isoa leipää päällekkäin. Tällainen leipäkeko oli pöydällä koko joulunpyhien ajan. Alimmainen leipä oli leivottu vuoden sadon ensimmäisen ruislyhteen parhaista jyvistä. Tätä leipää ei syöty jouluna, vaan se säästettiin ja vietiin viljahinkaloon odottamaan kylvöaikaa. Silloin leivänmurusia siroteltiin viljalaariin ja pellolle siemenen joukkoon turvaamaan hyvä uusi sato. Leivästä murustettiin myös hevosen, lehmien ja muiden eläinten ruokaan. Leipäkeko pidettiin pöydällä joulunpyhien ajan ja keon alle pyyhkäistiin joulupäivien jälkeen pyhien aikaan pöydälle varisseet murut, jotka nekin jaettiin sitten eläimille.

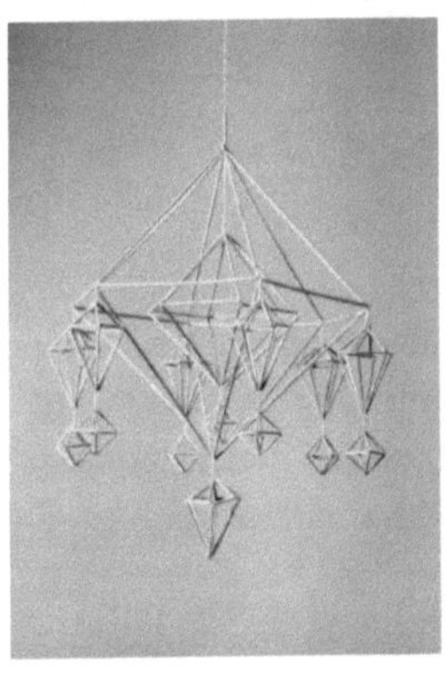

Jouluaaton pääruokana oli aattolohko, jossa oli lanttua, naurista ja perunaa sekä naudanlihaa, sianlihaa ja kuivattua tai tuoretta kalaa. Pöydässä oli myös aamulla leivottuja ohraryynipiirakoita, jotka olivat odottaneet vaatteen alla, ja tuoretta leipää. Pöytään nostettiin myös voi- ja silakkakupit. Palanpainikkeeksi juotiin olutta ja välillä miehet ja vanhemmat naiset ottivat ryypyn jouluviinaa.

Joulu tulloo jongertaa,
siankinkku lingertää,
lapset saavat voita syyvä,
vanhat ämmät talkkunaa.

Syönnin jälkeen ruoat jätettiin pöydälle koko yöksi, sillä jouluyönä oli tapana valvoa. Paikoin myös ajateltiin, että suvun vainajat tai kodinhaltia sai yöllä käydä syömässä joulupöydästä. Lapset ja vanhempi väki nukkuivat oljissa. Usein hereillä olijat kävivät puoliltaöin yhdessä syömässä, ja pian sen jälkeen saattoivat jo kirkkoon lähtijät ryhtyä aamiaiselle.

Kaikki eivät jouluna kirkkoon lähteneet, mutta useimmat aikuiset kävivät kirkossa uutena vuotena tai loppiaisena, elleivät päässeet joulukirkkoon. Pitkämatkalaiset saattoivat mennä kirkolle tultuaan pitäjäntupaan lämmittelemään vähäksi aikaa ennen kirkonmenojen alkamista. Jumalanpalveluksen päätyttyä vaihdettiin vielä kuulumisia, miehet ja vanhat naiset maistelivat toistensa jouluviinoja ja nuoret naiset antoivat toisilleen maistiaisia piirakoistaan ja leivistään. Nuoret miehet hoputtivat kyytiläisiään, sillä kotimatkalla ajettiin kilpaa kulkusten helistessä.

Joulupäivä vietettiin kotosalla rauhallisesti ja hiljaisesti, töistä tehtiin vain välttämättömät. Aikuisten ei sopinut joulupäivänä käydä kylässä, mutta lapset saattoivat käydä lähinaapureissa katsomassa näiden joulunviettoa.

Joulupukki

Myös joulupukki saattoi käydä jouluaattona, mutta lahjoja pukki ei tuonut, vaan pienet lahjat oli tapana vain viskata salavihkaa ovesta sisään. Lahjan heittäjä juoksi nopeasti tiehensä, ettei hänen henkilöllisyyttään arvattaisi.

Joulupukilla oli tuohinaamari, rohtimista tehty parta ja sarvet, jotka olivat usein oikeat lehmänsarvet, joskus myös oljista kierretyt. Vihta oli usein pukilla häntänä. Pukilla oli tavallisesti saattojoukko nuoria mukana, kun kuljettiin talosta taloon. Pukit seurueineen pitivät tavallisesti kovaa ääntä ja vaativat kestitystä, viinaryyppyjä, olutta tai sahtia, ruokaakin. Lapsista ne olivat pelottavia eivätkä lainkaan sellaisia ilon aiheita kuin nykyajan joulupukki.

Karjalainen lastulintu, Karjalan käki. Helsingin kaupunginmuseo.

Joulun ja loppiaisen välillä Karjalassa kulkivat myös *smuutit*. Niiden joukossa saattoi olla myös pukkeja, mutta usein naamioiduttiin muuten tuntemattomiksi ja yritettiin puhuessakin muuttaa ääntä. Tyypillisesti pojat pukeutuivat tyttöjen, tytöt poikien vaatteisiin. Kerrotaan, että smuuttien kulkiessa oli mahdollisuus sopia vanhoja riitoja, sillä smuutti oli rauhoitettu olento. Tällaisia kulkijoita nimitettiin eri seuduilla myös esimerkiksi *kuhlakoiksi, ropakoiksi, joulumuoreiksi* ja *joulupukeiksikin*.

Tapanista Nuuttiin

Tahvanasta alkoi riehakkaampi joulunaika. Aamusta alkaen naapuruston miehet kävivät kyselemässä, onko tahvana kotona ja uhkasivat uunin särkemisellä, ellei kestitystä löytynyt. Kestitys oli yleensä olutta tai viinaa.

Pyhä Tapani oli ensimmäinen marttyyri, joka kivitettiin kuoliaaksi vuonna 34 tai 35 jKr. Jerusalemissa. Suomessa ja muissa Pohjoismaissa tapaninpäivään on yhdistynyt ennen kristinuskon tuloa vietetty hevosjuhla, johon kuului ainakin uhriateria ja kilpa-ajoa hevosella. Kansanrunoissa Tapanista itsestäänkin on tullut hevosmies. *Neitsyt Marian virressä* Tahvanus on Herodeksen eli "ruman Ruotuksen" tallirenki, joka näkee loistavan tähden ilmoittavan uuden hallitsijan syntyneen ja ilmoittaa lähtevänsä palvelemaan tätä. Vihainen Herodes ei usko, vaan sanoo ennen paistetun kukon kiekuvan, jolloin kukkopaisti nousee hänen lautaseltaan ja alkaa kiekua.

Pyhä Tapani eli Stefanos eli Tahvana yhdistettiin kansanperinteessä hevosiin ja häntä onkin pidetty hevosten ja hevosmiesten suojelijana. Tapaninpäivään kuuluivatkin hevosten menestymiseksi tehdyt taiat ja tapaninajelut. Vieraisilla käytiin naapureissa ja kauempanakin. Varsinkin nuoremmat miehet ajelivat myös kilpaa ja kiertelivät hevosella huvin vuoksi ilman kummempaa päämäärää.

Tapaninpäivän ruokana oli rokka, herne- tai papukeitto. Kirkas Tapanin aattoyö merkitsi kosteaa kesää ja hyvää sienivuotta, pyry taas hyvää marjavuotta.

Tapaninpäivänä alkoivat myös nuorten joululeikit. Muutamat nuoret miehet vuokrasivat yhteisesti jonkun tuvan leikkeihin, joihin osallistuivat koko kylän nuoret. Joululeikkejä jatkettiin koko joulunajan loppiaiseen saakka. Aamupäivisin tehtiin välttämättömät työt ja illalla lähdettiin leikkeihin.

Joulukuun 27. ja 28. päivä olivat vanhastaan kolmas ja neljäs joulupäivä. Ne olivat virallisesti juhlapyhiä vain vuoteen 1772 asti, mutta käytännössä ne säilyivät erityisinä päivinä pitkään. Niitä ruvettiin nimittämään pikkupyhiksi, keskipyhiksi tai arkipyhiksi. Päivät olivat hiukan liian pyhiä tavalliseen työtekoon, mutta eivät niin pyhiä, että työnteko olisi ollut täysin kielletty.

Uusi vuosi

Joulunaikaan kuului myös uusi vuosi eli uusi joulu. Vaikka koko joulunaikana syötiin niin hyvin kuin talossa oli varaa, uudeksi vuodeksi otettiin taas parasta pöytään, sillä "miten on vuoden vaihtuessa, siten on koko vuosi". Myös uudenvuodenyönä oli tapana jättää ruoka koko yöksi pöydälle.

Kuten muihinkin merkittäviin käännekohtiin, myös uuteen vuoteen kuului enteiden tutkiskeleminen ja joskus myös erilaisten taikojen tekeminen. Enteet ja taiat liittyivät toisaalta talon menestykseen, sadon onnistumiseen ja karjaonneen, toisaalta talon asukkaitten henkilökohtaisiin kohtaloihin.

Maatalousyhteiskunnassa erilaiset sato- ja sääennusteet olivat tärkeitä. Jos uudenvuodenyönä näkyy selkeä tähtitaivas, tulee hyvä ohra-, marja- ja sienivuosi. Myös uudenvuodenpäivän suojasää ennustaa hyvää viljavuotta. Uudenvuoden aamun aamurusko ennustaa pyryistä talvea. Kesäänkin saakka katseltiin: minkälaiset ilmat uutena vuotena, sellaiset myös juhannuksena.

Uudenvuoden ensimmäisenä aamuna on lakaistava ovensuusta pirtin perälle päin, niin taloon tulee hyvä onni. Jos lakaisija vielä vie roskat kolmen tien risteykseen, hän saa kosijoita kolmelta suunnalta. Toisaalta on arveltu, ettei vuoden ensimmäisenä päivänä kannata lakaista lattiaa eikä torua lapsia, näin taloon tulee hyvä onni ja lapsista hyvätapaisia. Jos uudenvuoden aamulla nukkuu pitkään, nukuttaa koko sinä vuonna, mutta jos nousee aikaisin, pysyy virkkuna koko vuoden. On myös todettu, että jos uutena vuotena riitelee, tulee olemaan riidan aihetta koko vuodeksi.

Naimattomia naisia askarruttivat sulhaset, ja uudenvuodenyö on ollut eräs tärkeä sulhastentutkimisaika. Tuleva sulhanen tulee unessa juottamaan tyttöä, joka on illalla syönyt suolasilakoita tai suolataikinaa ennen nukkumaanmenoa. Myös tyynyn alle laitettu peili, lusikka, yhteen kuoreen kuorittu nauris tai miesten housut voivat näyttää tytölle unessa hänen tulevan sulhasensa. Kun uudenjoulunaattona keittää kananmunankuorella suolavettä ja juo sen illalla, niin tuleva puoliso tuli yöllä tuomaan tuotavaa. Mutta jos uudenvuodenyönä nukkuu halko päänalusena, nähty uni toteutuu.

Tulevan puolison voi uudenvuodenyönä nähdä myös siten, että menee kolmen tien risteykseen ja puolenyön aikaan tyttö katsoo vasemman, poika oikean turkinhihan läpi, niin sitten näkee tulevan puolisonsa.

Palvelijat saattoivat uutena vuotena testata, pysyvätkö he seuraavan vuoden palveluspaikassaan vai siirtyvätkö muualle. Tätä pohtivan piti kääntyä selin oveen ja potkaista kenkä jalastaan taaksepäin ovea kohti. Jos kengän kärki osoitti oven suuntaan, se merkitsi muuttoa, jos kärki näytti pirttiin päin, taian tekijä jää taloon seuraavaksikin vuodeksi.

Uudenvuodenyönä tehtiin tervalla risti ulkorakennusten, navetan ja tallin ovelle. Sitten ei piru päässyt, sanottiin.

Jos uutenavuotena ensimmäinen vieras on mies, lehmät tekevät sinä vuonna härkävasikoita, jos nainen, lehmävasikoita.

Jos uudenvuoden vastaisena yönä taivas on tähtinen, tulee hyvä ohravuosi.

Jos uudenvuoden vastaisena yönä taivas on tähtinen, tulee hyvä sienivuosi.

Loppiainen, Nuutin päivä

Loppiainen 6.1. on itämään tietäjien Betlehemiin saapumisen muistopäivä. Aikaisemmin nuutinpäivä eli Knutin nimipäivä oli 7.1. eli heti loppiaisen jälkeen. Vuonna 1708 nuutinpäivä siirtyi nykyiselle paikalleen 13.1. Nuutinpäivä viimeistään päätti joulun ja lopetti myös joulurauhan.

Loppiaisena tai Nuuttina syötiin usein uunipuuroa ja hapankaalia

Loppiaisen jälkeinen päivä oli Hiiva-Nuutti, jolloin miehet kävivät naapureissa "hiivoja kolistelemassa" eli juomassa viimeiset jouluviinat ja -oluet. Siihen päättyi joulunaika ja alkoi arki.

*

"Nuuti käyp nuija käes jouluu pois potkimas."

*

*

Ku varis vaakkuu syänkuul aamusil, ni tulloot nuoskat, ku iltasil, ni tulloot pakkaset.

Sydänkuulla pitää kehrätä verkon rihmat, silloin tulee vahva rihma.

Jos ei pauka paavalina eikä kylmää kynttelinä, ei sitten sinä keväänä.

Matipäivään (24.2.) liittyi kevään sään enteitä.

Matti pannoo viel kaheksa hattuu kannon päähä. (=tulee vielä kahdeksan lumipyryä)

Jos kukko mattina kulposta juopi, niin maariana härkä janoon ojan varrella kuolee.

Mattina kylmä kivi kaivoo, lämmin kivi lähtehesse, sanottiin Kanneljärvellä.

Laskiainen

Laskiaisen nimi ei ole tullut mäenlaskusta, vaan se on alkujaan merkinnyt paastoon laskeutumista, ja suomenkielinen pääsiäisen nimi paastosta pääsemistä. Nikean kirkolliskokouksessa vuonna 325 päätettiin, että pääsiäissunnuntai on aina kevätpäiväntasausta seuraavan täyden kuun jälkeinen sunnuntai. Tästä laskettiin myös laskiaisen ajankohta: laskiainen aloitti pääsiäisaikaan kuuluvan paaston seitsemän viikkoa ennen pääsiäistä.

Ortodokseilla laskiaisesta alkanut paasto jatkui pääsiäiseen saakka. Laskiaisena piti syödä hyvin, sillä paastoaikana varsinkin liha oli kielletty. Vaikka luterilaisilla alueilla laskiainen ei merkinnytkään paaston alkamista, vanhojen perinteiden mukaan laskiaisena piti syödä vahvaa, rasvaista ruokaa.

Kannaksella laskiaisruoka oli hernekeitto, jossa oli siansorkkia. Siansorkkia säästettiin syksyn teurastuksesta varta vasten laskiaisrokkaan. Sanottiin, että laskiaisena piti syödä rasvaista ruokaa seitsemän kertaa ennen auringonlaskua, mutta mennä nukkumaan ilman iltasta; silloin viljat ja pellavat seuraavana vuonna kasvoit hyvin ja lehmät lypsivät paljon maitoa. Laskiaisrokkaa syödessä ei saanut puhua, muuten *tihit* (hyttyset) söivät seuraavana kesänä.

Mäenlasku kuului laskiaiseen ja laskiessa piti huutaa esimerkiksi "Hei lipo liinoi, kasva pitkää pellavasta, tappurat ja päistäreet toisii tuva nurkkaa". Jos kuitenkin mäkeä laskiessa kaatui, merkitsi se pellavien lakoamista seuraavana kesänä. Laskiaisiltana ei enää saanut ottaa tulta päreeseen, vaan sanottiin: "Laskiaisesta varis kukoks ja päivä päreheks", sillä silloin päivä on jo niin paljon pidentynyt, että "sen lapsikin kätkyessä tuntee".

Laskiaisena tehtiin myös taikoja. Kun laskiaisiltana riisuttiin kengät jalasta, otettiin ne käteen ja pyörittiin kolme kertaa ympäri myötäpäivään ja sitten viskattiin kengät olan yli. Siten saatiin tietää, minne tuli matka seuraavana kesänä. Kengän kärki osoitti tulevan matkan suunnan.

Pietarilaisten laskiaiseen kuului rekiajelu Suomenlahden jäällä. Monet Kannaksen hevoset ja reet matkasivat Pietariin *maaslitsan* ajoon. Mukaan otettiin matkustajille lämpimät vällyt ja hevonen koristeltiin punoksin ja tiu'uin. Suomalaiset "veikat" olivat suosittuja ajureita ja romanttisesta rekiajelusta maksettiin hyvin. Laskiaisajelujen aikaa kesti reilun viikon verran, tänä aikana kerätyillä ansioilla kannakselaisperhe saattoi selvitä kesään saakka. Johanneksessa sanottiinkin: "Ei niin huonoo talvee, ettei kesän velkoi maksa."

*

Ilosest ellää pittää vaik päivää vähemmä.

Paremp yks ilopäivä ko koko ikä kohtalaist!

Aikaa Jumala loi eikä kiireest virkant mittää!

Kaikkii meil on mut ei siansarvisii lusikkoi ja linnunmaitoo.

KEVÄT

Kevään enteitä

Kevätkuukausia ovat maaliskuu, huhtikuu ja toukokuu. Näilläkin on ollut monia kansanomaisia nimityksiä. Maaliskuu on voinut olla vaahtokuu, mutta myös hankikuu, mariankuu tai kolmas sydänkuu. Huhtikuun nimityksiä ovat olleet hankikuu, vaahtokuu, sulamakuu tai veikuna. Toukokuu oli sulamakuu, mahlakuu tai kyntökuu.

Mikael Agricola kehotti rukouskirjassaan vuonna 1544 pitämään huhtikuussa huolta silmistä, kurkusta ja kaulasta ja juomaan kuumaa yrttijuomaa. Hän neuvoi myös huhtikuussa pyytämään lintuja ansoilla.

Toukokuusta Agricola jo kirjoittaa:

> Koko luonto nyt virkoaapi.
> Meri, maa ja taivas ihastuupi.
> Iloitkaan nyt vanha ja nuori.
> Linnut laulavat ja maa on tuore.

•

Juosepinpäivänä (19.3.) jos päivä paistaa, niin sit tulloo hyvä kesä.

Jos ei marianpäivänä (25.3.) maata näy, ei silloin yrjönpäivänä kesää ole.

Mikä maariana katolla, se jyrkinä maassa.

Tipurtius (14.4.) tiet tekee, varpu varsat valjastaa, kesän keikkuvan eteen.

Ierikka ilman lämmittää.

Jos eero tähkää näyttää, niin uolevi leipoo.

Urpo (25.5.) rukkaset riisuu.

Pääsiäisen aika

Pääsiäiseen valmistauduttiin tavallaan jo laskiaisesta alkaen, mutta varsinainen pääsiäisaika alkoi palmusunnuntaista eli virposunnuntaista.

Virposunnuntai

Palmusunnuntai muistuttaa Jeesuksen viimeisestä käynnistä Jerusalemissa, jolloin ihmiset tervehtivät häntä palmunlehvin. Suomessa palmun sijaan tulivat pajunoksat. Virpominen oli alkujaan erityisesti ortodoksinen perinne. Virpovitsat siunattiin kirkossa lauantaina tai sunnuntaina ja virpomisen jälkeen oksat pidettiin esillä helatorstaihin saakka, minkä jälkeen ne poltettiin. Kannaksella virpomassa kävivät myös luterilaiset, ja palmusunnuntai oli nimeltäänkin *virposunnuntai*.

Palmusunnuntain aamuna tulivat naapurien lapset virpomaan koristeltujen oksien kanssa. Höyhenet ovat melko uusia virpomaoksien koristeita, mutta oksissa saattoi olla kreppi- ja silkkipaperikoristeita. Myös kirjavia kangastilkkuja käytettiin virpomaoksien koristeena, ja saatettiin koristeita tehdä sanomalehtipaperistakin, ellei muuta ollut.

Jos kummi asui lähellä, niin kuin tavallisesti oli, piti ainakin kummia käydä virpomassa. Paikoin oli tapana, että virpojat yrittivät päästä paikalle jo ennen kuin talossa oli noustu. Kun ulko-ovi ei välttämättä ollut lukossa, virpoja saattoi päästä hiipimään ihan sängyn viereen virpomaan. Tätä pidettiin hyvänä enteenä tulevalle, joten kummilapsia odotteleva saattoi jäädä sänkyyn, kunnes virpoja oli käynyt. Virpomassa piti käydä aamulla tai ainakin aamupäivällä, iltapäivän virpojia naurettiin eikä heille luvattu palkkaa. Virpojat eivät saaneet palkkaansa heti, vaan he tulivat noutamaan palkkaa eli *kuostia* lauantaina tai pääsiäissunnuntaina. Lasten virpomapalkkana oli yleensä kananmuna tai jokin leivonnainen. Kummi saattoi antaa myös rahaa.

Sunnuntai oli virpomispäivä, mutta virpojia kävi jo lauantainakin. Jo lauantaiaamusta lähtien alkoi käydä virpojia, pääosin vanhuksia ja lapsia. Heidän virpomaoksansa olivat pajunoksia, joissa koristeina olivat usein pelkästään oksien omat pajunkissat. Kun tiedettiin lauantain virpojia tulevan, leivottiin perjantaina ennen palmusunnuntaita virpokakkuja, pienehköjä rukiisia limppuja. Virpoja sai sitten palkakseen virpokakun, mutta esimerkiksi tutulle kupparille tai sukulaiselle saatettiin antaa myös hiukan voita ja tutut lapset saattoivat saada vauraasta talosta kananmunan. Lauantain virpojat saivat palkkansa heti mukaan. Nämä virpojat kiersivät talosta taloon, he olivat sellaisia, joille taloista annetut leivät ja muut virpomapalkat tarjosivat ainakin pyhien ajaksi ruoan eli virpominen oli eräänlaista köyhäinapua.

Aikuisilla virpojilla saattoi olla pitkä virpomaluku, lapset virpoivat lyhyemmin. Aina kuitenkin virpomaloruissa toivotettiin taloon ja sen asukkaille kaikenlaista menestystä, karjaonnea, vaurautta ja terveyttä. Lopuksi ojennettiin oksa ja pyydettiin virpomisesta palkkaa. Kannaksella virpojien jättämät vitsat vietiin eläinsuojiin, ja niitä käytettiin keväällä, kun eläimet hätistettiin ensi kertaa ulos.

Virpomaloruja:

Mie se virvon vitsallain
Tuoreheks', terveheks'
Tulevaks' vuoeks'.
Kuin mont' oksaa,
Niin mont' orrii;
Kuin mont' lehtee,
Niin mont' lehmää;
Kuin mont' urpaa,
Niin mont' uissii
(=lammasta)

Kuin mont' varpaa,
Niin mont' varsaa!
Luppaat sä, luppaat sä:
Kananmuna kanastais,
Voilusikka lehmästäis,
Pannukakku taikinastais,
Kopeikka kukkarostais
Viikon päähän velkaa.

Uusikirkko 1902
Herman Mynttinen Halola

Mie virvon viisahasti,
Rivakasti ripsuttelen,
Isännille ilmoittelen,
Emännille esittelen,
Laain lapsi-kultaisille,
Palvelijoillekin pajatan:
Uu'en onnen alkaneeksi,
Vasta saannin valjen-
neeksi
Karjallenne kaunihille,
Koko elin-keinollenne,
Kun vaan selkäänne
sipaisen,
Virpa-vastalla vetäisen,
Lykky-lyönnin lojahutan.
Virpoi, varpoi
– Aima viinaa!
Tuoreeks', terveeks'
– Tuokaa vällei!
Tulevaks vuo'eks'
– Tuokaa toista!
Muna kanastais',

Voi-lusikka lehmästäis',
Viina-pulli kannustais',
Kahvi-kuppi pannustais',
Vielä laittanet lisäksi
Antimet isäntäväen
Sekä lasten lahjuksetki.

Karjalan kannas 1879
Kertoja tuntematon

Virpomavirsi Isännälle:
Mie virvon viina iestä,
rahan iestä rapsuttelen.
Riiheltäis rikkahaksi,
talliltais taitavaksi,
kujaltais kuulusaksi.

Uusikirkko 1903
Mari Haapanen Haapala

Pääsiäisviikko eli pitkä viikko

Pääsiäisviikon päiville on annettu nimet. Alkuviikon päivät ovat malkamaanantai tai maitomaanantai, tikkutiistai tai tiukutiistai ja kellokeskiviikko. Tutkijat tosin arvelevat, että nimityksessä on ollut keskeistä alkusointu ja esimerkiksi tikkutiistaihin liitetty sytyketikkujen vuoleminen on myöhäisempää, nimitykseen keksittyä selitystä. Samoin karjankellojen laittaminen eläinten kaulaan kellokeskiviikkona ei tunnu luultavalta, kun tiedetään, että pääsiäisviikolla on pyritty välttämään kaikenlaista äänekästä tekemistä. Näitä nimityksiä ja niiden selityksiä on kerätty myös Karjalasta.

Torstain kiirastorstai-nimitys sen sijaan on vanha. Sen muunnoksia ovat kiiratorstai, kierotorstai ja kiristorstai.

On esitetty, että kiira voisi tarkoittaa pahaa henkeä ja siihen liittyisi joillakin paikkakunnilla tavattu "kiiran ajo", jossa eukot kuljettivat kelkoissa palavia terva-astioita, joilla karkotettiin käärmeitä tai yleisemmin pahaa. Tällaisesta kiiran ajosta ei kuitenkaan ole Karjalassa tietoa. Arvellaan, että sana 'kiira' tulee muinaisruotsin puhdasta merkitsevästä sanasta ja viittaa hengelliseen puhdistautumiseen. Varsinkin ortodoksisessa Karjalassa kiirastorstai onkin ollut suursiivouspäivä.

Kiirastorstaina ei saanut kehrätä, jauhaa ei tehdä muutakaan sellaista, missä piti kiertää. Jos teki, lampaat tulivat pyörötautiin kesällä. (Sakkola) Kiirastorstaina piti myös panna puiset talousesineet piiloon, ettei nähtäisi kesällä käärmeitä. (Salmi). Sen sijaan tukan, parran ja kynsien leikkaamiseen kiirastorstai oli hyvä päivä. (Salmi). Tämä ajatus saattoi liittyä juuri puhdistautumiseen.

Pitkäperjantai

Pitkäperjantaina ei tehty mitään töitä, jotkut jättivät karjankin hoitamatta tai ainakin tekivät navetassa niin vähän kuin mahdollista. Pitkäperjantaina ei saanut tehdä mitään äänekästä, varsinkaan ei saanut sahata, viilata eikä hakata kirveellä (Salmi). Mitään ei keitetty, vaan syötiin kylmää ruokaa, paikoin oltiin päivällä syömättä ja syötiin vasta illalla (Räisälä). Maitotuotteita vältettiin.

Pitkäperjantaina ei käyty vierailulla eikä mielellään poikettu edes naapurissa, vaikka olisi ollut asiaakin. Lapsiakaan ei päästetty naapureihin. Jos mahdollista, käytiin kirkossa tai harjoitettiin hartautta kotona.

Pohjanmaalla pitkäperjantaina liikkuivat trullit, joita ei Karjalassa ollut, mutta Karjalassakin tiedettiin, että pitkäperjantai oli otollinen päivä noituudelle. Kerrotaan, että esimerkiksi paran valmistamiseen pitkäperjantai oli erikoisen hyvä päivä. (Parahan oli siis tällainen taikaolento, joka kantoi naapurista voita tai muuta hyvää.)

Lankalauantaina valmistauduttiin pääsiäiseen. Aamupäivällä leivottiin ja paistettiin pääsiäisherkkuja, Ortodoksikodeissa oli siivottu jo torstaina, mutta luterilaisessa perinteessä lauantai-illalla siivottiin perusteellisesti. Pohjanmaalla poltettiin lauantaina pääsiäiskokkoja, mutta Karjalassa ei tällaista tapaa ollut. Sen sijaan Karjalassa saatettiin kuunnella enteitä lauantai-iltana jonkin rakennuksen katolla. Erityisesti kuunneltiin ääniä, joiden arveltiin viittaavaan ruumisarkun tekoon; mistä suunnalta kuului kalketta, sieltäpäin tuli kuolinsanomia ennen seuraavaa pääsiäistä.

Pääsiäissunnuntai

Kerrotaan, että pääsiäisaamuna aurinko tanssii taivaalla ja jotkut menivätkin aamuvarhaisella johonkin mäelle tai vaikka saunan katolle tätä ihmettä katsomaan.

Jos pääsiäisaamuna tyttö kävi hakemassa vettä purosta ja sillä pesi kasvonsa, pysyi virkeänä koko vuoden eivätkä kasvot päivettyneet. Arveltiin myös, että minkä eläimen näki ensimmäiseksi pääsiäisaamuna, sen eläimen tapainen oli koko vuoden: harakka nopea ja keveä, kissa laiska venyttelijä, sika sotkuinen jne. Muutenkin pääsiäisenä on saatettu tehdä samantapaisia taikoja ja enteitä kuin vuoden vaihtuessa.

Pääsiäisaamuna yritettiin katsoa, että jostakin toisesta talosta nousisi savu ensiksi ja vasta sitten sytytettiin tuli. Tämä on siinä mielessä kiinnostavaa, että tavallisesti erilaisina merkkipäivinä pyrittiin olemaan ensimmäisiä, mutta pääsiäisaamuna oli toisin. Arveltiin, että taloon, josta pääsiäisaamuna ensimmäisenä nousi savu, kerääntyi kesällä eniten kaikenlaisia itikoita.

Pääsiäisen aikaan aikuiset pyrkivät käymään kirkossa jossakin monista pääsiäisajan palveluksista. Tämä riippui tietenkin kirkkomatkan pituudesta.

Pääsiäisenviettoon kuului myös keinuminen. Lapsille tehtiin kiikku kotiin, mutta nuoriso saattoi pääsiäissunnuntain iltapuolella kokoontua kylän yhteiselle keinulle, se oli ensimmäinen kerta keväällä. Keinuminen oli niin tärkeää, että keinu saatettiin rakentaa vaikka latoon sisälle, ellei sää sallinut ulkona keinumista. Erityisesti nuoret tytöt keinuivat ja samalla lauloivat sydämensä kyllyydestä. Keinuminen ja laulaminen jatkui myös toisena pääsiäispäivänä.

Pääsiäisen ruoka

Pääsiäinen lopetti ortodoksien paaston, mutta myös luterilaisissa kodeissa pääsiäisenä piti olla mahdollisimman paljon ja hyvää ruokaa. Kevättalvella varastot olivat vähissä, mutta mahdollisuuksien mukaan pääsiäispöydässä oli uunissa valmistettua liharuokaa, kalastusseuduilla myös kalaa. Pöydässä oli naurista, kaalia, perunaa ja tietenkin tuoretta leipää ja piirakoita, myös uunijuustoa ja makeita rahkapiirakoita syötiin pääsiäisenä. Myös värjätyt kananmunat kuuluivat karjalaiseen pääsiäiseen, munat värjättiin tavallisesti sipulinkuorilla, mutta värinä käytettiin myös esimerkiksi keitinveteen laitettua kreppipaperia.

Mämmiäkin Karjalassa syötiin, mutta karjalainen mämmi oli hapanmämmiä, joka imellettiin ruisjauhoista ja vedestä ja sitten hapatettiin. Maltaita ei mämmissä käytetty eikä mämmiä paistettu. Nykyisenkaltainen mämmi yleistyi Karjalassa vasta 1930-luvulla.

Ortodoksien pääsiäisherkku oli pasha. Pietarin-käyntien kautta se tunnettiin myös luterilaisella Kannaksella.

Sitten oli ohi varsinainen pääsiäisaika. On kuitenkin kerrottu, että pääsiäisen jälkeen tiistai ja keskiviikko olivat puolipyhiä, jolloin ei vielä lähdetty varsinaisiin töihin, vaan lähinnä tehtiin sisällä pieniä ompelu- ja korjaustöitä. Vasta sitten alkoi tavallinen arki.

Renki oli ollut talossa kolme vuotta ja nähnyt, että emäntä oli aina pitkänäperjantaina kehrännyt. Kun emäntä meni pitkänäperjantaina riiheen jauhoseulan ja kolmena vuonna kehrätyn lankakerän kanssa, renki seurasi uteliaana piilosta. Emäntä alkoi höpsyttää keriä seulassa ja loitsi: "Synny para, synny para. "Mutta para ei syntynyt, kun oli katselija.
Emäntä luuli, että lankaa oli liian vähän ja lähti kehräämään lisää. Sillä aikaa renki meni riiheen ja alkoi tehdä kuten emäntä, ja silloin para syntyikin. Renki säikähti ja lähti pakoon, mutta para seurasi häntä ja hoki: "Mitä minä kannan, mitä minä kannan?" Renki sanoi: "Kanna vaikka paskaa!"
Aamulla, kun väki heräsi, kaikki talon ruoka-astiat olivat sitten sitä täynnä. Emäntä olisi pyytänyt paraa tuomaan voita ja maitoa.

Jyrinpäivä (23.4.)

Jyrinpäivä on nykyään 25.4., mutta vanhan kalenterin mukaan se oli pari viikkoa myöhemmin. Jyrinpäivänä karja piti laskea ulos ainakin vähäksi aikaa, vaikka olisi ollut lunta maassa.

Koivistolla kerrottiin, että kun lampaat keväällä jyrinpäivänä laskettiin ensimmäistä kertaa ulos, paimenien piti käydä isytumaan riviin lähistölle, ja jokahisella piti olla eväät keralla, vaikka olisi oltu kotipellon pientareella. Piti istua hiljaa eikä sanoa sanaakaan. Sitten lampaat olivat koko kesän rauhallisia eivätkä pyrkineet vieraille laitumille.

Jyrinpäivänä piti olla oikein hiljaa. piti kävellä sukkasillaan ja voidella oven saranatkin. Sitten ei ukkonen tehnyt kesällä pahojaan.

Jyrinpäivänä ei menty paljain käsin ulos. Pidettiin aina lapaset käsissä, vaikka olisi kuinka lämmin ilma ollut. Sanottiin, että kädet ovat koko kesän kipeitä täynnä, jos jyrkinä on paljain käsin.

*

Ku lehmänaha suuruuvelt sullaa sit ei ennää elokas kuole., sanottiin Uudellakirkolla.

Mikä maariana katolla, se jyrkinä maassa.

Jos ei marianpäivänä maata näy, ei silloin yrjönpäivänä kesää ole. säkkij.

En huoli jyri jyristä enkä järi järistä, mut ko tulloo se vanha varpuli päivä, ni sit jos ei uo kesä niin kohta tulloo.

Vappu

Toukokuun 1. päivä oli kolmen pyhimyksen muistopäivä: marttyyrikuoleman kärsineet apostolit Filippus ja Jacobus saivat 1600-luvulla rinnalleen 700-luvulla eläneen abbedissa Walburgin, joka pyhitettiin vuonna 870. 1800-luvun lopulla Filippus ja Jacobus jäivät tältä päivältä pois ja vain Walborg jäi jäljelle.

Ylioppilaat alkoivat viettää vappua kevään juhlana 1800-luvun aikana. Sosialistinen internationaali nimesi vapun-päivän yleiseksi mielenosoituspäiväksi vuonna 1889. Suomen ensimmäinen työväen vappu järjestettiin vuonna 1890.

Vappua juhlittiin kaupungeissa, mutta maaseudulla vapun juhlinta ei mainittavasti näkynyt. Vappu oli kuitenkin tärkeä kevään etenemisen kannalta. Vappuna alettiin jo odottaa käen kukkuvan:

Vappuna käki kukkuu vaikka tuuran varren päässä.

Markusha (25.4.) se käelle kielen antaa.

Tipurtius (14.4.) tietä neuvoo, Vappu vaolle ajaa.

Vappu tulloo vasta kainalos.

Vanha Varpuli jälest ku kolme yötä makajaat lehmät tarhas ni sit vast saap sannoo jot nyt on kesä.

Silti tiedettiin:
Vaikk ois Varpun vari ni viel tulloo Ierikka viluperse.

Äitienpäivä

Äitienpäivä edustaa varsin uutta juhlaa, jolla ei ole kovin pitkiä perinteitä eikä kirkollista taustaa.

Anna Marie Jarvisin (1864–1948), aloitteesta syntyneestä äitienpäivästä tuli Yhdysvalloissa kansallinen juhlapäivä vuonna 1914. Äitienpäivän vietto levisi nopeasti ympäri maailmaa. Suomessa äitienpäivää vietettiin tiettävästi ensimmäisen kerran heinäkuussa 1918 Alavieskassa. Seuraavan vuoden syksyllä äitienpäiväjuhlia vietettiin jo monilla paikkakunnilla. Vuodesta 1920 päivää ryhdyttiin viettämään keväällä. Äideille omistettua päivää ajoivat Suomessa erityisesti Kotikasvatusyhdistys ja Pelastusarmeija.

Kannaksellakin järjestettiin äitienpäiväjuhlia melko yleisesti jo 1920-luvulla. Juhlat järjestettiin tavallisesti kansakoulujen tiloissa opettajien johdolla. Oppilaat esittivät kuorolaulua, runoesityksiä ja kuvaelmia. Äideille saattoi olla kahvitarjoilu. Usein juhlaan kokoontuneista äideistä otettiin yhteiskuva ulkona koulun edessä.

*

Laps on vanhemma peil.

Lapset haastaat lirpu larpu eikä tiijä mist leipä tullee.

Hyvä se on tyttökii tyhjää kättee.

Apun se on lapskii kala ruokinnas (perkaamisessa), kalan ko ruokkii, kaks syöp.

Oma laps on laps, mut lapse laps on lapsukaine.

*

Kun maitoa ruvettiin saamaan enemmän ja ulkoa löytyi vihreää, saatiin kevään herkkua *maitorosla*. Se oli kesäkeitto, jokakeitettiin maitoon tuoreista ohdakkeen tai nokkosen lehdistä.

KESÄ
...sä oli ja on edelleenkin maalaisyhteisössä kiireisintä...

Odotettu kesä

Kesäkuukaudet ovat kesäkuu, heinäkuu ja elokuu. Elokuuta on nimitetty myös kylvökuuksi ja mätäkuuksi.

Kesä on iloista aikaa. Ei tarvitse palella ja saatettiin siirtyä nukkumaankin aittoihin, pois ahtaydesta. Kesällä riitti syötävää, kun marjat kypsyivät ja luontokin tarjosi keittoihin ja muhennoksiin "kaaliksia" eli kaikenlaisia vihreitä lehtiä. Ruoassa käytettiin melkein mitä vain tuvan lähistöltä löytyi, erityisesti nokkosta ja ohdakkeita, mutta myös monia muita, suolaheiniä, hierakoita, maitohorsmaa jne.

Kannakselta on peräisin tieto pihlajaisesta lettuherkusta: nupullaan oleva pihlaja

nkukkaterttu on kastettu lettutaikinaan ja sitten uppopaistettu munkkien tavoin.

Kesä on ollut myös kiireistä aikaa. Alkukesästä piti kylvää, mitä ei keväällä vielä oltu kylvetty. Piti myös kerätä kasveja kuivattavaksi lääkintä- ja maustekäyttöön. Vastoja tehtiin juhannuksen tienoilla myös varastoon, lehdeksiä kerättiin eläimille talven varaksi. Heinäntekoaika oli kiireistä, mutta usein myös mukavaa, sillä silloin käytiin talkoissa myös naapureissa; tavattiin tuttuja ja tutustuttiin.

Kesän suurin juhla oli juhannus. Juhannuskokolla juhlivat nuoret ja vanhat. Myös pietariniltana (29.6.). poltettiin usein tulia rannoilla. Nämä tulet olivat pienempiä kuin juhannuskokot ja niiden uskottiin tuovan menestystä toimille.

*

Talvi jouluksi joutuu, kesä pietarinpäiväksi.

Kasveja värjäykseen ja lääkintään

Kesäaikaan kerättiin kasveja eri tarkoituksiin. Kasveja tarvittiin esimerkiksi lankojen värjäämiseen. Kasveilla on värjätty erityisesti villaa, joka usein saatiin omista lampaista ja myös kehrättiin langaksi ja kudottiin kankaaksi kotona. Villan lisäksi värjättiin pellavaa, jonkun verran myös hamppua ja puuvillaa ("pumpulilankaa").

Kasveilla värjättäessä on melko vaikeaa saada eri värjäyskerroilla täsmälleen samaa värivivahdetta, joten samaan työhön tarvittavat langat piti värjätä yhdellä kertaa. Jos haluttiin hyvin tasaväristä lankaa, lajitellut ja pestyt villat saatettiin värjätä jo ennen langaksi kehräämistä. Useimmiten kuitenkin villa värjättiin lankoina. Jotta väriaineet tarttuisivat kunnolla lankoihin tai villaan, värjättävä materiaali on *puretettava* ennen varsinaista värjäystä. Tämä tarkoittaa, että niitä keitetään ½–2 tuntia vedessä, johon on lisätty sopivaa puretusainetta, esimerkiksi alunaa. Puretusaineita oli monenlaisia ja niitä valmistettiin itse kotona. Moniin käytettiin myrkyllisiä ja vaarallisia aineita, kuten happoja, tinaa ja lipeää. Aikaisemmin puretukseen on käytetty myös liekokasveja.

Samasta kasvilla voidaan saada eri puretusaineilla erivärisiä lankoja; samoin saman kasvin eri osat voivat tuottaa eri värejä. Esimerkiksi keltamataran kukista saadaan keltaista, mutta juuresta punaista väriä. Lepänlehdillä on voitu värjätä keltaista, punertavaa ja vihreää, kuorella on saatu punaruskeita, vihreitä, harmaita, siniharmaita, tummanruskeita ja mustia värisävyjä. Värin voimakkuutta on jossain määrin voitu säädellä keittoajan pituudella. Joitakin värisävyjä on värjätty siten, että langat on värjätty peräkkäin usealla eri aineella.

Yrttejä ja kukkivia kasveja on kerätty värjäystarpeiksi ennen kukkien puhkeamista. Niistä on saatu erityisesti paljon erilaisia keltaisia, vihreitä ja kellanruskeita värejä. Tällaisia kasveja ovat esimerkiksi ruiskukka, katkerotatar, poimulehti, rantakukka, värisauramo, orvokit, koiranputki, suopursu, suomyrtti, pietaryrtti, keltamatara, keltasauramo, keltalieko, kortteet, nokkonen, kanerva ja kultapiisku. Myös jäkälistä saadaan monenlaisia keltavärejä, erityisesti värjäykseen on käytetty islanninjäkälää.

Lääkintää

Kasveja kerättiin myös lääkeaineiksi, ja monia lääkekasveja kerättiin varastoon ja kuivattiin myöhempää tarvetta varten. Kansantiedon mukaan lääkekasvit oli parasta kerätä juhannuksen ja pietarin (Pekanpäivän) välillä, jolloin niiden teho oli parhaimmillaan. Paras keräysaika oli aamukasteen aikaan. Myös Elias Lönnrot neuvoi lääkärikirjassaan rohtokasvien keruuta:

Usiampia aineita taitaa itsekuki maalla kerätä, kaikenlaisia lääkeheiniä vähä ennen kukkimista, kukkasia heti ilmauttuansa ja juuria keväillä varahin. Semmoisia ei pidä päivänpaisteessa kuivata, vaan muussa tuulenkäyvässä paikassa. Eikä myös pidä kukkia ja heiniä sadeilmalla koota.

Kasveja kuivattiin ilmavissa paikoissa katoksissa, ulkorakennuksissa ja sisälläkin leipomisen jälkilämmössä tai vain lakanan tai pyyheliinan päälle levitettynä. Kukat tai lehdet säilytettiin kokonaisina ja murennettiin käytettäessä hienoksi; varret ja juuret joko pilkottiin pienemmiksi palasiksi tai säilytettiin kokonaisina ja pilkottiin käytettäessä.

Tietoja Kannaksella käytetyistä lääkekasveista on kerännyt mm. Samuli Paulaharju. Seuraavassa muutamia esimerkkejä vaivoista ja niiden parannuskeinoista:

Leini merkitsi monenlaisia jäsen- ja nivelkipuja. Leiniheinäksi sanotusta rönsyleinikistä (*Ranunculus acer*) tehdyllä vastalla kylvettiin saunassa, kun leini vaivasi. Keltakannusruohoa (*Linaria vulgaris*) nimitettiin kuivaluuvaloheinäksi. Sen kukinnot riivittiin viinaan, jolla hierottiin kipeitä kohtia. Ruusuheinäksi nimitetyn poimulehden (*Alchemilla vulgaris*) uskottiin parantavan korva- ja hammassärkyä suoraan kipeään kohtaan laitettuna.

Maarian makkooheinäksi nimitettyä solmukkia (Spergularia) käytettiin rintatautiin ja keuhkotautiin. Koiruohosta eli malista, maliheinästä (*Artemisia absinthium*) tehtyä keitettä käytettiin matojen poistamiseen ja muutenkin vatsavaivoihin. Närästykseen auttoi närösuolaheinä eli käenkaali eli ketunleipä (Oxalis acetosella). Savijäkkärää (*Gnaphalium*) nimitettiin rupiheinäksi ja siitä keitetyllä vedellä pestiin lasten kasvojen rupia.

Kun lapsi ei oppinut kuivaksi, lapselle juotettiin pirttikukasta (ketoneilikka, *Dianthus deltoides*) tai hapankirsikan eli viissinäpuun (*Prunus cerasus*) kuoresta keitettyä juomaa. Ramaskasta eli pihasauniosta (*Matricaria discoidea*) keitettiin teetä "sauna-akoille" eli synnyttäjille.

Siankärsämöllä (*Achillea millefolium*) on ollut paljon erilai-
sia nimityksiä, mm. pellonvanhanen ja sieraheinä. Sitä ja
rautaheinää (piharatamo,
Plantago major) käytettiin
rautaesineiden tekemiin
haavoihin. Siankärsämön
lehtiä on käytetty myös
mausteeksi.

Ketohanhikkia (*Potentilla
anserina*) nimitettiin myös
kiroheinäksi. Jos arveltiin,
että vaiva oli aiheutunut
kiroista, silloin kiroheinällä
hautominen auttoi.

Mitä ei löyly löysäele
eikä huttu huojentele
eikä viina virvoittele
eikä terva tie terveheksi,
Se on teko toisen miehen
Tai sitte se on Jumala surma.

Juhannus

Juhannus on kuulunut vuoden suuriin juhliin. Sen tausta on keskikesällä vietetyssä Ukon juhlassa, josta on käytetty myös nimitystä Ukon vakat. Mikael Agricola kirjoitti Davidin psalttarissaan suomalaisten jumalista. Hän paheksui Ukon vakkojen juhlimista:

> Ja quin Kevekylvö kylvettin silloin ukon malja jootijn. Sihen haetin ukon wacka nin joopui Pica ette Acka. Sijtte paljo Häpie sielle techtin quin seke cwltin ette nechtin.

Keskiajalla katolisen kirkon vaikutuksesta juhlan nimeksi tuli juhannus Johannes Kastajan muistoksi. Myöhemminkin juhannuksena 24.6. oli Johanneksen nimipäivä, mutta nykyään juhannus on aina kesäkuun 19. päivän jälkeen oleva lauantai ja juhannusaatto on sitä edeltävä perjantai.

Juhannusvalmistelut

Juhannusta varten tavallisesti siivottiin yhtä perusteellisesti kuin jouluksi. Puhtaan tuvan lattialle ripoteltiin pieniä lehteviä oksia ja pieniä, tuoreita kuusenoksien kärkiä hyvää tuoksua tuomaan. Myös ovien ja ikkunoiden pieliin saatettiin kiinnittää koivunoksia. Juhannuksen lehväkoristeet annettiin myöhemmin karjalle syötäväksi joko heti juhannuksen jälkeen tai ne säästettiin esimerkiksi jouluksi tai laskiaiseksi.

Juhannuksen valmisteluihin kuului myös pyykinpesu. Karjalassa pyykinpesua on nimitetty *poukkujen pesuksi* tai *sotkujen teoksi*. Suurpyykki pestiin kaksi kertaa vuodessa, minkä lisäksi pestiin pienempiä pyykkejä tarpeen mukaan. Pyykki pestiin tavallisesti saunassa tai pesukodassa ja, jos mahdollista, huuhdeltiin joessa tai järvessä, talvella avannossa. Pyykit laitettiin illalla likoamaan ja aamulla niitä pestiin hieromalla suovan kanssa. Sen jälkeen pyykki keitettiin padassa kiehuvassa lipeävedessä. Hiukan jäähtyneitä vaatemyttyjä hakattiin kartulla tai vaatetta hangattiin pyykkilautaa vasten aina välillä huuhdellen. Isossa pyykissä riitti keitettävää monta padallista ja lisäksi oli pestävänä värilliset vaatteet, joita ei keitetty. Erikseen pestiin myös flanelli, villa, pitsit ja silkit. Pyykinpesussa tarvittava lipeä, suopa ja saippua valmistettiin maaseudulla yleensä kotona 1930–40-luvulle saakka.

Juhannukseen kuului myös karjan huomioiminen. Eläimille saatettiin laittaa kaulaan kukkaseppeleitä tai lehmien sarviin kiinnitettiin lehviä tai kukkia. Myös nämä kasvit laitettiin talteen ja syötettiin eläimille sopivassa yhteydessä. Juhannuksen aikaan lehmät lypsivät jo hyvin, ja kanat munivat. Juhannuksen ruokiin kuuluivat piirakat ja munamaito, joka valmistettiin sekoittamalla munia padassa kuumennettuun maitoon.

Saunassa

Ennen kokolle lähtöä käytiin saunassa. Juhannussaunaan tehtiin tavallisesti kesän ensimmäinen vasta. Kannaksella miehet ja naiset eivät saunoneet yhdessä, ainoastaan kaksin jääneet vanhat pariskunnat saattoivat mennä saunaan samalla kertaa, ellei talossa muuta väkeä ollut. Ensiksi saunoivat miehet: talon isäntä sekä isommat pojat ja rengit. Sen jälkeen oli naisten saunavuoro, jolloin saunaan menivät emäntä, tyttäret ja miniät sekä lapset. Saunaa on käytetty kylpemisen lisäksi moneen muuhunkin tarkoitukseen: pyykinpesuun, maltaiden imellyttämiseen, lihojen palvaamiseen ja pellavan ja hampun kuivaamiseen, siellä myös synnytettiin ja parannettiin sairauksia. Saunassa saattoi myös asustella *läksiäin* tai *loinen*, jolla ei ollut omaa asuntoa.

Sauna rakennettiin usein tulipalovaaran vuoksi hiukan erilleen muista rakennuksista. Uudellakirkolla oli tapana uudisrakennusta tehdessä rakentaa sauna viimeksi, siihen saakka saunottiin kylän saunoissa. Sen sijaan rakennusta siirrettäessä siirrettiin ensin sauna, jossa sitten asuttiin muiden rakennusten siirron ajan. Uudeltakirkolta on myös merkitty muistiin tieto, että saunaa rakennettaessa peränurkan ensimmäisen hirren koloon laitettu elohopea takaa saunan puhtauden ja sen, ettei saunaan tule häkää. Saunan lattiaa tehtäessä lauteiden alus jätettiin silloittamatta, joten lauteiden alla oli maalattia. Lauteiden alunen, *laontala*, oli jännittävä paikka: lapset tiesivät, että sieltä löydettiin joskus pikkuvauvoja ja siellä asui myös saunan haltia. Muutettaessa pitikin ottaa hiukan maata lauteitten alta mukaan uuteen paikkaan, niin haltia siirtyi perheen mukana.

Kokolla

Juhannukseen kuului juhannuskokko, joka oli tavallisesti kylän yhteinen. Kokkoa polttamaan kokoonnuttiin usein mäelle, jonka nimikin saattoi olla Kokkomäki. Kokkoaineksia oli pantu sivuun pitkin vuotta, ja juhannuksen alla miesväki rakensi kokkoa yhdessä parin viikon ajan. Oikein korkeaksi suunniteltu kokko saatettiin rakentaa sen ollessa pitkällään maassa, ja kokkorakennelma nostettiin vasta valmiina pystyyn. Joskus naapurikylästä tultiin salaa tekemään kiusaa ja käytiin sytyttämässä toisen kylän kokko ennen aikojaan. Jos tällaista pelättiin, nuoret miehet valvoivat vartioissa kokon luona useana yönä ennen juhannusta.

Juhannusaattona nuoret miehet ajoivat kokolle rehvakkaasti hevosella laulaen ajaessaan. Tytöt eivät olleet tässä mukana, se olisi ollut sopimatonta. Kokolla tanssittiin piirileikkiä usein laulun tahdittamana, joskus saattoi kokolla olla myös soittajia. Sekä nuoret että vanhat tanssivat, mutta tavallisesti niin, että ukot ja akat tanssivat keskenään ja nuoret keskenään.

Kannakselainen säärikokko, Sakkola 1912.
Kuva U.T. Sirelius Museovirasto.

Juhannuksen aikana
on koivu niin kuin ruunu.
Missä lienöö pojan kulta,
kun ei sitä kuulu.

Juhannusaattona ennen varsinaisen kokon sytyttämistä saatettiin polttaa pienempiä odotuskokkoja. Kokkomäellä valvottiin ja tanssittiin usein aamuun saakka. Ihmisillä oli mukanaan eväitä ja juotavaksi olutta ja viinaa. Kokolla liikkui usein myös kaupustelijoita, jotka myivät vehnästä ja muita herkkuja. Kokon palaessa loppuun tehtiin päätelmiä: jos kokon tukiriukuja jäi pystyyn palamatta, kylään jäi vanhojapiikoja.

Kokolla saatettiin tanssia ja pitää iloa koko lyhyen juhannusyön, mutta juhannuksena oli paljon muutakin tehtävää kuin huvittelu. Tiedettiin, että juhannusyön kasteeseen istutetut kaalit ja lantut kasvoivat hyvin ja tulivat suuriksi. Kaalit kasvoivat vielä suuremmiksi, jos emäntä niitä istuttaessaan nosti hameensa ylös niin että paljas takapuoli näkyi. Myös nauris oli hyvä kylvää juhannuskasteeseen. Naurista varten piti polttaa kaski juhannusviikolla siten, että multa ehti aatoksi jäähtyä kylvöä varten.

Juhannusyönä oli myös otollista tehdä taikoja, erityisesti naimataikoja. Kun tyttö toivoi jotakin poikaa omakseen, hänen piti mennä juhannusyönä sen pojan kodin ruismaahan siten, ettei kukaan häntä nähnyt. Kun poika sitten söi sen pellon rukiista leivottua leipää, hän alkoi kaivata tyttöä. Kerrottiin myös, että tyttö näkee tulevan sulhasensa, kun kiertää juhannusyönä alasti kaivon ympäri. Silloin näkyi sulhanen tai samanniminen mies kuin tuleva sulhanen. Juhannuskaste paransi ihosairaudet ja esti kasvoja päivettymästä, ihanteena nimittäin pidettiin mahdollisimman vaaleita kasvoja.

> Juhannusaattoiltana saunasta tulon jälkeen poimitaan seitsemän eriväristä kukkaa, jotka sidotaan seitsemällä erivärisellä langalla ja pannaan tyynyn alle. Mitä unta sinä yönä näkee, se toteutuu. Mutta saunan jälkeen ei saa puhua mitään.

> Kun juhannusyönä keskiyöllä juoksee kolme kertaa ruisvainion ympäri, niin silloin ilmestyvät näkyviin kaikki ne ihmiset, jotka talosta ovat kuolleet.

Juhannus oli muutenkin maagista aikaa. Juhannusyönä paloivat aarnivalkeat, kun aarteenhaltiat polttivat aarteistaan hometta. Jos oli varautunut ja tiesi keinot, saattoi saada aarteen omakseen. Juhannusyönä uskottiin myös sananjalan kukkivan, kukan ja sen siemenen poimija sai monenlaisia kykyjä, kuten näkymättömyyden.

*

Kesällä oli vaarana käärmeenpisto. Käärmeenpuremaa parannettiin mm. tällä loitsulla, joka on merkitty muistiin Uudeltakirkolta:

> Mato musta maan alainen,
> toukka tuomen karvallinen,
> luulit sie puuta purreheis,
> pajuniintä panneheis.
> Hös' sie, pantune pakana,
> pirun poika piikkikieli,
> purit ihmisen ihoa!
> Hös sie, pantune pakana,
> pirun hevonen hurja,
> pysy pois ristitystä ihmisestä,
> sie saatana kurja!
> Hös sie, pantune pakana!
> Tule, Jumala, avuksi,
> tee tää jalka terveheksi!
> Vie pois vihat saatanan,
> paranna vihoista maaon, amen!

Naisten viikko (19.–24.7.)

Naisten viikolla heinäkuussa on kuutena päivänä peräkkäin naisen nimipäivä. Naisten viikolla tehdään tavallisesti heinätöitä ja toivotaan poutaa, mutta naistenviikon naisten arvellaan yleensä ainakin hiukan kastelevan. "Reetta pissii pirahuttaa", sanottiin Johanneksessa.

Naisten viikon historia on vanha. Kun 1600-luvulla ryhdyttiin painamaan kalentereita virsikirjan ja kirkkokäsikirjan alkuun, pyrittiin merkitsemään joka päivälle jokin nimi. Osa nimistä oli peräisin jo katoliselta ajalta, nimittäin Maria Magdalena 22.7. ja Kristiina 24.7. Sitten viikolle tulivat Saara ja Marketta, vuonna 1755 Johanna ja vuonna 1868 Olga.

Naisten viikon päätyttyä tulee Jaakon päivä (25.7.). Sanotaan, että Jaakko heittää kylmän kiven järveen. Jakkonpäivästä alkavat vedet jäähtyä.

*

Ierika aikuine sade ja juhannuksen aikune pouta maksaat tuhanne taalarii kultaa." (Ierikka, Erkki, 18.5.)

Ennen juhannusta sataa laariin, juhannuksen jälkeen sataa laarista pois.

Hermanni (12.7.) heinän tekee, markareetta (20.7.) karheet kääntää.

Herman heinän aloittaa, Helena (31.7.) heinän lopettaa.

Lauri lapsia papumaahan vetää.

Pärttyliltä pässit keritään.

Mätäkuu

Mätäkuu on alkujaan liittynyt koirantähtenä tunnettuun Siriukseen ja esimerkiksi muinaisessa Egyptissä se on merkinnyt Niilin tulvien alkamista. Varsinaisesti mätäkuu alkaa, kun aurinko siirtyy Leijonan merkkiin.

Suomessa ainakin jo Mikael Agricola tunsi mätäkuun ja sitä on käytetty myös elokuun yhtenä nimityksenä.

Agricola kirjoitti:

> Nyt elos leikka ja riihes tapa,
> talven varaksi pidä hyvä tapa.
> Älä suonist verta nyt laske,
> älä myös saunas käydä raski.
> Vaarallinen on myös haureus,
> niin myös ylen paljo makaus.

Kansanperinteen mukaan mikään mätäkuussa aloitettu ei menesty, ruoka pilaantuu nopeasti, haavat eivät parane. Mätäkuussa ei kannata ottaa rakennuspuita eikä istuttaa monivuotisia kasveja.

Toisaalta mätäkuuta on pidetty hyvänä aikana tehdä kaski ja perata pellonojista vesaikot, tällöin maa pysyy puhtaana eikä kasva vesoja. Myös sitkeähenkiset rikkaruohot kannattaa hävittää mätäkuussa.

*

Monta on ossoo ahkeral, laiskal yks, sekkii kova.

Kaikki harmii sitä on: kons o pienii puita, sillo ei uo keittämistä, Kons ei uo pienii puita, sillo olis keittämistä.

Sehä se on vanha Ruotsi lak: kel ei oo hevoista, se kävelöö jalkasin.

Ruoka ja ruokailutavat

Viime vuosisadanvaihteen kannakselaisessa ruokapöydässä isäntä istui pöydän päässä. Samassa pöydässä istuivat syömässä tavallisesti sekä isäntäväki että palkolliset. Saattoi myös olla niin, että pöydässä söivät vain miehet, ja naisväki nautti ateriansa sivussa taikinapytyn kannelta tai penkin, *jakun*, päältä. Lapset söivät tavallisesti sivussa erikseen. Pöydässä saattoi vielä 1900-luvun alussa olla yhteinen ruoka-astia, josta jokainen söi omalla lusikallaan tai kahvelilla (kotitekoisella haarukalla), jos oli liharuokaa. Miehillä oli lisäksi puukko ja naisilla puukko tai linkkuveitsi, jota käytettiin ruokailussa apuna. Omat ruokavadit ja juoma-astiat yleistyivät vasta 1910-luvun jälkeen. Ruokajuomana oli aikuisilla piimää tai joskus myös kaljaa (*taari*, *vassa*), joka oli tehty maltaista, nauriista tai katajanmarjoista. Pienet lapset joivat yleensä ruoan kanssa kokomaitoa silloin kun sitä oli.

Päivän mittaan syötiin tavallisesti kolme varsinaista ateriaa ja lisäksi juotiin kahvia. Aamukahvi juotiin viiden tai kuuden aikoihin, sen kanssa syötiin usein ruisleipää. Kahdeksan maissa syötiin tukeva murkina, johon kuului esimerkiksi perunaa ja sianlihakastiketta tai perunaa ja kalaa. Puolenpäivän aikoihin juotiin päiväkahvi, johon ei tavallisesti kuulunut mitään kahvileipää. Kahden maissa syötiin pääateria, *lounat*, *päivälline* tai *puolpäiväne*. Tämä oli varsinkin talvella usein jotain uuniruokaa, esimerkiksi perunoista ja sianlihasta valmistettua *pottilohkoa*; myös pavuista tai herneistä keitettyä rokkaa tai *pironaa* syötiin ainakin kerran viikossa. Myöhemmin iltapäivällä juotiin kahvia tai syötiin evästä. Iltaruokana oli usein puuroa tai velliä taikka päiväruoan tähteitä. Iltanen syötiin talvella seitsemän tai kahdeksan aikoihin, mutta kesällä myöhemmin, ehkä vasta yhdeksältä. Kesällä, kun valoisa aika oli pitempi, noustiin aikaisemmin ja työskenneltiin myöhäisempään kuin talvella, mikä vaikutti myös ruoka-aikoihin.

Kannakselainen ruisleipä oli suuri, jopa kahden tai kolmen kilon painoinen hapanlimppu. Ruisleivän lisäksi leivottiin erilaisia kakkaroita, joista monet paistettiin kaalinlehden päällä, sekä monenlaisia piirakoita. Piirakan täytteenä käytettiin tavallisesti perunaa (jota Kannaksella nimitettiin usein omenaksi) tai ryynejä, kuten ohraa, tattaria ja hirssiä, 1900-luvun puolella myös riisiä. Täytteenä saattoi olla myös lanttua, kaalia tai naurista, myös kalaa käytettiin. Kannaksella käytettiin kovaa leipää vain Jääskessä ja Metsäpirtissä sekä Suomenlahden saarilla, jossa eväsleipänä käytettiin tangossa kuivattua leipää, joka ei jäätynyt talvieväänä. Muualla Kannaksella syötiin pehmeää leipää, jota leivottiin vähintään kerran viikossa, tavallisesti lauantaisin. Evääksi otettavaan leipään oli tapana kovertaa kolo, johon laitettiin voita, sitten kolo peitettiin kuorella. Syötäessä leivästä leikattiin palasia, joille levitettiin kolosta otettua voita.

Paljon syötiin lanttua, naurista ja kaalia, myös sienet ja kalat kuuluivat tavalliseen ruokaan. Teetä eli saijua juotiin paljon. Kahvi tuli yleiseen käyttöön Kannaksella 1800-luvun lopulla; aluksi sitä juotiin vain pyhinä ja riihi- ja pellavanloukutuspäivien aamuina, mutta jo 1800-luvun loppuvuosina kahvista tuli osa arkipäivää ja teetä juotiin enimmäkseen iltaisin. Kahvi keitettiin aluksi yleisesti kattilassa. Kahvin joukkoon laitettiin sikuria, joka teki kahviin kauniin tumman värin, mutta antoi kitkerän maun, jos sitä oli liikaa. Sikuria myytiin kaupassa, sitä oli jopa useita eri laatuja. Kahvia juotaessa otettiin usein suuhun pikku palanen toppasokeria.

Sunnuntairuoka erosi arkiruoasta. Kahvin tai teen kanssa saattoi sunnuntaisin olla vehnästä. Erityisesti kaurakiisseli on mainittu Uudellakirkolla ja muuallakin Kannaksen alueella tavallisena sunnuntaiaamun ruokana. Arkena lihaa oli padoissa ja keitoissa vain vähän, mutta sunnuntaisin pääruokana oli usein liharuokaa, esimerkiksi karjalanpaistia.

Kyseistä ruokaa tosin ei Karjalan alueella ole nimitetty karjalanpaistiksi vaan muilla nimillä: Kannaksella se oli tavallisesti *lihapotti*. Sille oli tyypillistä, että mukana on sekä naudan- että sianlihaa, usein käytettiin myös lammasta, maksaa tai munuaisia.

Juhlapäivinä ruokaa oli tavallista runsaammin, mutta aivan erityisiä juhlaruokia on Kannaksella ollut varsin vähän. Munapotti, jossa padassa kypsennettiin lihaa ja kananmunia, kuului kuitenkin niihin ruokiin, jota ei valmistettu juuri muuten kuin pitoruoaksi. Kananmunia syötiin pidoissa ja juhlapäivinä myös keitettynä tai munavoina. Myös herneistä tai pavuista tehty rokka, jota muutenkin syötiin joka viikko, on kuulunut vanhastaan kaikenlaisiin kannakselaisiin pitoihin häitä myöten. Vähitellen muut pitoruoat syrjäyttivät sen, mutta hautajaisiin rokka kuului vielä 1930-luvulla.

*

Nii on makijaa ko Viipuri rinkelj.

On nii mukavaa jottei tiijä mis käsiäis pittäis.

Elämä on ko silkkii ja sametil reunustettu.

Ei uo huolta huomisest, huomisel on huoli itselleä.

Jos sitä ihmine ain tietäis mihi lankijaa ni panis olkkuvo alaksee.

Syötä vierasta sanal siks ku keitti kerkijää!

Oikein tuli suu hyvämakuseks ko sai haastella siu kanssais.

Naapuris pittää käyvä seitsemä kertaa viikos vihois ollesakkii.

Kirjallisuutta

Autero, Olavi (toim.) *Johannes. Viipurin läänin Rannan kihlakuntaan kuuluneen Johanneksen pitäjän historia- ja muistelmateos.* Johannes-säätiö, 1959:

Etelä-Karjalan sananparsia. Toim. Lauri Laiho. WSOY, 1941.

Hautala, Jouko: *Vanhat merkkipäivät.* SKS, 1948.

Häyhä, Johannes: *Vuodenajat. Kuvaelmia itäsuomalaisten vanhoista tavoista: joulun vietto, talvitoimet, kesäaskareet.* (1893, 1897, 1898). SKS, 1982.

Kiuru, Paavo: *Kivennapa. Muistelmia ja kuvia entisestä kotiseudusta.* Kivennavan historiatoimikunta, 1952.

Kotimaisten kielten keskus. Tiesitkö tämän (2004–2014). https://www.kotus.fi/

Laiho, Antto: *Wanhan kansan merkkipäivät elikkä Esiisiemme Maatalouskalenteri.* Karisto, 1912.

Leppälahti, Merja: *Enteitä ja uskomuksia.* Oppian, 2022.

Leppälahti, Merja: *Karjala sydämessä. Ulla Mannonen Kannakselta.* Apatura, 2014.

Leppälahti, Merja: *Kasvit entisajan elämässä.* Apatura, 2015.

Leppälahti, Merja: *Perinnejoulu.* SKS, 2019.

Lykyn avain. 999 vanhaa taikaa ja uskomusta. SKS, 1991.

Montonen, Paavo: *Kanneljärvi, kahdeksan kylän pitäjä.* Kanneljärven historiatoimikunta, 1957.

Nirkko, Juha: *Juhannus ajallaan. Juhlia vapusta kekriin.* SKS, 2004.

Nirkko, Juha: Vuotuisjuhlia ja merkkipäiviä. Teoksessa Sirkka-Liisa Ranta (toim.) *Sydän karjalassa. Arjen ja perheen historiaa*. Tammi. 2017.

Paulaharju, Samuli: *Kansatieteellinen kuvaus asuinrakennuksista Uudellakirkolla Viipurin läänissä*. Kansatieteellisiä kertomuksia VI. SKS, 1906.

Paulaharju, Samuli: Kokoelma lääkekasveja Uudeltakirkolta (V.l.). *Luonnon ystävä* 6/1908, 216–220.

Sallinen-Gimpl, Pirkko: *Karjalainen perinnevuosi*. Karjalan Liitto, 1989.

Sirkiä, Konsta: *Uusikirkko muistelmina ja kuvina*. Uusikirkko-säätiö, 1955.

SKVR. *Suomen Kansan Vanhat Runot*. https://aineistot.finlit.fi/exist/apps/skvr/index.html

Vilkuna, Kustaa: *Vuotuinen ajantieto*. Otava, 1991.